走遍世界很简单

ZOUBIAN SHIJIE HENJIANDAN

墨西哥大探秘

MOXIGE DATANMI

知识达人 编著

成都地图出版社

图书在版编目（CIP）数据

墨西哥大探秘 / 知识达人编著 . — 成都 : 成都地图出版社 , 2017.1（2021.10 重印）

（走遍世界很简单）

ISBN 978-7-5557-0415-7

Ⅰ . ①墨… Ⅱ . ①知… Ⅲ . ①墨西哥—概况 Ⅳ . ① K973.1

中国版本图书馆 CIP 数据核字 (2016) 第 208200 号

走遍世界很简单——墨西哥大探秘

责任编辑：	魏小奎
封面设计：	纸上魔方
出版发行：	成都地图出版社
地　　址：	成都市龙泉驿区建设路 2 号
邮政编码：	610100
电　　话：	028－84884826（营销部）
传　　真：	028－84884820
印　　刷：	唐山富达印务有限公司

（如发现印装质量问题，影响阅读，请与印刷厂商联系调换）

开　本：	710mm × 1000mm　1/16
印　张：	8
字　数：	160 千字
版　次：	2017 年 1 月第 1 版
印　次：	2021 年 10 月第 4 次印刷
书　号：	ISBN 978-7-5557-0415-7
定　价：	38.00 元

版权所有，翻印必究

前 言

美丽的大千世界带给我们无限精彩的同时，也让我们产生很多疑问：世界上到底有多少个国家？美国到底在什么地方？为什么奥地利有那么多知名的音乐家？为什么丹麦被称为"童话之乡"？……相信这些问题经常会萦绕在小读者的脑海中。

为了解答这些问题，我们精心编写了这套《走遍世界很简单》系列丛书，里面包含了世界各国丰富的自然、地理、历史以及人文等社会科学知识，充满了趣味性和可读性，力求让小读者掌握最全面、最准确的知识。

本系列丛书人物对话生动有趣，文字浅显易懂，并配有精美的插图，是一套能开拓孩子视野、帮助孩子增长知识的丛书。现在，就让我们打开这套丛书，开始奇特的环球旅行吧！

大胡子叔叔

　　詹姆斯·肖，美国人，是位不折不扣的旅行家和探险家，足迹遍布世界各地。因为有着与肯德基爷爷一样浓密的胡子，所以被孩子们亲切地称为"大胡子叔叔"。

吉米

　　10岁的美国男孩，跟随在大使馆工作的父母居住在中国，是大胡子叔叔的亲侄子。他活泼好动，古灵精怪，对世界充满好奇。

映真

　　11岁的韩国男孩，他汉语说得不好，但英语说得很流利。他性格沉稳，遇事临危不乱。

花花

　　10岁的中国女孩，有一点点任性和霸道。映真的父母与她的父母是很要好的朋友。

目录

引言　1

第1章　太阳城下的仙人掌　7

第2章　密密麻麻的天主教堂　15

第3章　寻"宝"游戏　21

第4章　探秘玛雅遗址　29

第5章　登上太阳金字塔　37

第6章　迷人的月亮金字塔　43

第7章　羽蛇神庙　49

第8章　花城"惊魂"　56

第9章　　被印第安人"俘虏"了　62

第10章　　哎呦，小鼻子美女　68

第11章　　祈雨舞与黑曜石　75

第12章　　美味仙人掌果　82

第13章　　斗牛　87

第14章　　坐一次豪华巴士　95

第15章　　吃着葡萄迎新年　102

第16章　　"蛇穴"坎昆　109

第17章　　怎一个"辣"字了得　115

引 言

早晨,吉米打着哈欠从房间里走出来,惊奇地发现映真和花花竟然已经在客厅坐着了。吉米不相信地揉揉眼睛,又抬头看看墙上挂着的钟表,说:"喂,你们两个是不是梦游啊,才7点多就跑到我家来了?"

"唉,这只能说某人太懒了啊。"花

花挥挥手,"我和映真都已经晨跑回来了,路上遇到大胡子叔叔,他特地邀请我们来吃特色早餐的。"

"特色早餐?"吉米显然还没完全清醒,如鹦鹉学舌的呆样引得花花哈哈大笑。

吉米正想发火,大胡子叔叔爽朗的笑声已经传了过来:"哈哈,快来,尝尝我做的墨西哥鸡肉卷吧!"

三个孩子顿时如离弦的利箭般蹿向餐桌。

"哦,这就是墨西哥鸡肉卷啊?"吉米指着黄黄的、薄薄的饼,以及饼中的肉团说。

"是啊,是啊,真没见识。"花花一边狼吞虎咽,一边不忘嘲笑吉米。

映真照例不吭声,埋头大吃。吉米被花花气得手指颤抖不止的时候,花花和映真已经各自吃掉两个鸡肉卷了。吉米见势不妙,立刻放弃一切情绪,扑向面前的墨西哥鸡肉卷。

几人一阵风卷残云般把盘子中的鸡肉卷一扫而空。吉米还不知足,揉着圆滚滚的肚子说:"那个,这个墨西哥鸡肉卷到底正宗吗?"

"那你吃过正宗的墨西哥鸡肉卷吗?"花花反问。

"就是没吃过才要问啊。不懂的人不要乱说话。"吉米理直气壮地说。

大胡子叔叔笑呵呵地说:"这有什么难的,咱们去一趟墨西哥,所有的疑问不就全部解决了嘛!"

"耶!太好了!"吉米跳起来欢呼,"大胡子叔叔万岁!"

"真幼稚!"花花在一旁撇嘴,"前几天大胡子叔叔就打算去墨西哥了呢,某人迟钝得脑袋今天才开窍。"

吉米听了,愣愣地望向映真和大胡子叔叔,而他们两人竟然含笑不语,默认了花花的话。吉米顿时垮了肩。唉,谁让他

太粗心没有留意大胡子叔叔的细节呢，活该被嘲笑吧。不过，能够再次漫游世界真是太刺激了。于是，吉米又精神抖擞了。

"仙人掌，我要吃仙人掌！"吉米兴奋地高喊。

"我要去看太阳城和月亮城！"花花喊。

"看那干什么，还是吃仙人掌！"吉米喊。

"当然要看，墨西哥原本就被称为'太阳和月亮之子'嘛。"大胡子叔叔说，"咱们去看看那个既保留了浓郁的民族文化色彩，又绚丽多姿的现代城市。当然了，仙人掌也是要吃的，它的嫩芽清脆可口，可以做很多种菜肴呢。"

"我要看斗牛，斗牛！"吉米再次大喊，"我要看那个斗牛神童米利托·拉

格拉维尔！"

"哈哈，就你也想去看斗牛？"花花再次讥讽，"恐怕看到牛只会哇哇大哭吧！"

"墨西哥拥有的是众多的遗迹，"大胡子叔叔干脆抛开两个斗嘴的小家伙，直接对映真说，"咱们要去长长见识，自从1325年阿兹特克人建立了墨西哥城（那时候叫特诺奇提特兰城）后，墨西哥经历了众多变更，也最终留下了众多的遗迹，为它赢得了'宫殿都城''壁画之都'的美称，是一个极富艺术气息的国家。"

"哇，不知道到艺术殿堂中'沐浴'一番，某人能不能沾点艺术气息，少点鲁莽粗鲁呢？"花花斜着眼睛，微笑着看向吉米。

"哼，懒得理你！"吉米不再理会花花，转身回房去收拾行囊了。

哈，墨西哥，我们来啦！

第1章 太阳城下的仙人掌

"仙人掌呢？仙人掌呢？"吉米在飞机上如长颈鹿般伸长脖子，朝下张望。

"这么高，怎么可能看到仙人掌啊。真是幼稚！"花花朝吉米翻翻白眼。

"哼，不懂的人就不要说话。"吉米反击说，"仙人掌

是墨西哥的国花，到处都是仙人掌，像森林一样密集，你说说能不能看见？"

"哼！"花花别过脸去，不再理会吉米。吉米觉得自己赢了一局，得意极了。

飞机在空中平稳飞翔，花花从高空俯瞰这片大地。地上一片片金黄色的沙漠连绵不绝，除了沙漠便是干涸的河床，当然还有一片片蓝色的汪洋。终于，一层绿油油的如同天然地毯的

景色闯入视野，没错，那正是大片大片的仙人掌。

很快，飞机降落在宽敞的飞机场，吉米和花花两个人蹦蹦跳跳地下了飞机，朝出口飞快跑去。大胡子叔叔一边摇头一边叹息："这两个猴孩子。"映真没有吭声，笑眯眯地望着两个远去的背影，帮大胡子叔叔推行李。

出了机场，街头是大片大片的棕榈树，一股热乎乎的气息迎面扑来。吉米在机场中上蹿下跳，已经跑得满头大汗，他一边呼气，一边嚷嚷："好饿，好饿，我们快去吃一顿正宗的墨西哥鸡肉卷吧。"

"放心吧，一定让你吃个够，"大胡子叔叔笑呵呵地说，"这里大街小巷都有卖的。"

他们边走边看,墨西哥的菜色泽都很鲜艳。玉米、辣椒、仙人掌、海鲜,都是墨西哥的代表性食物。他们一路上看到许多小摊都在卖玉米饼卷肉,看上去色泽很诱人,还有一股烤肉的香味。

如同中国以小麦、大米为主食一样,墨西哥食品的主角是玉米。数百年来,玉米堪称墨西哥文化的精髓,墨西哥用玉米做的食物据说有五六百种之多,什么玉米饼、玉米汤、玉米卷和玉米粥,还有玉米粽子等等,而以玉米为原料制作的薄薄的玉米煎饼则是墨西哥最有特色的食品。

托尔蒂亚饼一直是墨西哥最基本、最有特色的食品。托尔蒂亚饼

是一张薄薄的玉米煎饼，里面可以包很多肉馅，比如香肠粒、鱼肉和鸡肉丝等。饼里还可以再加一些番茄、辣椒和洋葱，切成碎块，最后再涂一点沙拉酱，就是一个完美的墨西哥饼了。

他们站在一个小摊前，看着摊主把肉馅放在玉米薄饼中，然后在奶油中炸了一下，顿时，一股鲜美的味道在空气中弥漫开来。然后再加入自己喜欢的鸡肉条或者牛肉酱，也可以加一些玉米饼起司、生菜丝、番茄等配料，五颜六色的美食看起来像一件完美的艺术品。

"它叫什么？"吉米一边忍着口水，一边问。

"达克。"大胡子叔叔一边说，一边拿起一个塞到嘴巴里，"这种类似春卷的饼子在墨西哥非常流行。这种饼几乎是墨西哥人一日三餐的主食。"

"哇，他们每天都吃这个啊，真幸

福啊。"吉米羡慕极了。

"呵呵,这是人家墨西哥人的主食,有什么奇怪的啊。"花花可是一点儿也不客气,她迅速点了几道菜,又点了一杯饮料。

"这是什么?"吉米看着那一大杯白白的饮料问。

"这是欧洽塔大麦酒,算是墨西哥版的薏米水。"花花说着,得意地趴在桌子上喝了起来。

"这个绿色的东西又是什么啊?"此刻吉米已经化身成了好奇宝宝,看到什么问什么。

"尝尝看,鳄梨做的,味道很不错,貌似是墨西哥的必备品呢。"映真一边吃一边说。

"哇,果真很好吃啊!"花花吃了一口,大声称赞。

"来，尝尝我这个，也很好吃啊。"大胡子叔叔也热情地向大家推荐说。

吉米和花花看着那个黑乎乎的薯片，同时摇头："不要。"

"很好吃啊。"映真很给面子地吃了一口，大加赞赏。

他们吃完美食，开始在墨西哥城中转悠，欣赏这座"宫殿城市"。大胡子叔叔为几个孩子介绍道："墨西哥城的前身是阿兹特克人建造的特诺奇提特兰城，寓意为'太阳和月亮之子'。整座城市繁华而热闹，人来人往的街道上随处可见宏伟的庙宇和宫殿。1521年西班牙侵占了这座城市，又修建了许多欧洲式的建筑物，并且把特诺奇提特兰城改名为墨西哥城。

"现在的墨西哥城中布满了各种展馆、博物馆和美术馆，几乎是墨西哥文化爱好者的必达之地。当然，最吸引人的莫过于斗牛表演和各种民俗表演，让游客感受到浓郁的墨西哥风情。"

"来吧！我们去看场电影。"看大家都快听得昏昏

欲睡了，大胡子叔叔热情地邀请大家。

"哇，太好了！"吉米嬉笑着贴近大胡子叔叔，"又让叔叔破费咯。"

"嘻嘻，大胡子叔叔好狡猾哦。"花花笑嘻嘻地说，"墨西哥城中的消费很高，看电影倒不是很贵，相比来说算是低消费了呢。"

"今天是周三。"映真也微笑着说，"可以半价优惠呢。"

"还有这样的好事？"吉米惊呼。

"没错，你们这两个小机灵鬼。"大胡子叔叔亲昵地拍拍花花和映真，转头对吉米说，"周三是半价日。吉米啊，你看他们两个都提前做了很多功课，你以后也不能偷懒哦。"

第2章　密密麻麻的天主教堂

一大早，吉米就跳起来了，满屋子乱喊："大胡子叔叔，大胡子叔叔，咱们快出发吧！"

"去哪里啊？"花花眯着眼睛问。

"今天是周末，当然要到教堂去喽。我想去看看那座天使

守护的教堂。"吉米得意洋洋地说着，依次催大家起床。

墨西哥城中教堂林立，众多的天主教堂耸立在蓝天白云下，熠熠生辉，处处闪耀着历史的光彩，而且这里的教堂是可以免费参观的。

世界上有三大著名广场，一是北京天安门广场，二是莫斯科的红场，三是墨西哥城宪法广场。广场的北侧就是墨西哥大教堂。说起墨西哥大教堂，那可是赫赫有名，它是美洲最著名的教堂之一，也是墨西哥最大和最主要的天主教堂。这座教堂始建于1573年，整整修建了250年，堪称美洲最大和最古老的天主教教堂。

"哇，这座教堂真宏大啊！"花花一边仰头瞻仰教堂，一边赞叹，"这就是天使守护的教堂吗？"

"不，"大胡子叔叔说，"这是西班牙人入侵墨西哥后建立的，此前这里是阿兹特克神庙。墨西哥大教堂是一座西班牙哥特式的教堂，教堂有16座礼拜堂，2座钟楼和25口钟呢。瞧，这些华丽的祭坛、绘画和雕塑，都是珍贵的艺术品啊。"

"咦，那是什么？"吉米突然指着两台巨大的、类似风琴的东西问。

"哦，那是18世纪巨大的管风琴。"大胡子叔叔说，"怎么样，很震撼吧。"

"是啊，是啊。没想到那个时期的人们竟然能建起这么辉煌的建筑。"花花连连点头。

17

墨西哥大教堂是用玄武岩和灰色的沙质石料堆砌而成的，石墙用粗粗的铁链加固，厚而沉重，是一座非常巨大的建筑。教堂由一个中殿和两个侧殿组成，呈拉丁十字形布局。中殿的大祭坛有圆形的拱顶，是典型的文艺复兴式建筑。仰面凝视拱顶，三个孩子顿时被那装饰华丽的拱架和大型的浮雕绘画震撼了。

他们几乎是带着崇拜的心理参观了侧殿中的多个小祭坛，还有7个小教堂。

"为什么这些小教堂的风格不太统一啊？"映真皱着眉头问。

"因为这些小教堂都是后来的艺术家们加

工和改建的，这些艺术家属于不同的艺术派别，建造的教堂也就风格各异了。"大胡子叔叔解释说。

"嘿，这就是那一对塔楼吧？"花花欢呼，"我听说有一口钟是从中国弄来的。"

"没错，最大那口钟叫卢佩圣马利亚钟，是当时的墨西哥总督弄来的，是金、银、铜的合金制品。钟一敲响，远在万米外的人都可以听见钟声呢。"大胡子叔叔耐心地解释说。

"可是，'天使之城'到底在哪里呢？"吉米着急地问。他很想看看天使守护的教堂到底是什么模样。

"别着急啊。"大胡子叔叔微笑着说，"普埃布拉天主堂坐落在墨西哥城东南130千米处的普埃布拉城中。"

普埃布拉天主堂就是吉米口中的天使守护的教堂。传说，这座教堂在建立的时候出现了一个怪现象，墙一砌好就会无缘

无故地倒塌。正在大家手足无措的时候，两位天使降临了，它们每天晚上守护着教堂，一直到教堂建成。人们为了感谢天使，就把普埃布拉城称为"天使之城"。又因为城中的教堂众多，又被称为"教堂之城"。

世界著名的十大教堂

各式各样的教堂遍布全世界，数不胜数，其中最著名的有十个。它们依次是：

圣索菲亚大教堂，位于土耳其伊斯坦布尔；圣路易大教堂，坐落在美国新奥尔良法区的杰克逊广场；圣约翰大教堂，位于美国纽约曼哈顿；圣彼得大教堂，地处梵蒂冈；圣马可教堂，位于意大利威尼斯市圣马可广场；圣家族教堂，坐落在西班牙巴塞罗那市中心；沙特尔大教堂，位于法国沙特尔城；残废军人教堂，处于法国巴黎市中心；朗香教堂，位居法国东部索恩地区；最后一个，就是坐落在墨西哥城索卡洛广场北侧的墨西哥大教堂了。

第3章 寻"宝"游戏

墨西哥城地处高原盆地，地势较高，周围又有群山环抱，所以这里的空气和温度都令人感觉非常舒适，也让游客蜂拥而至，是世界十大著名的旅游国之一。

"哈哈，没想到能看到这么多教堂，真是开眼界了。"从天使之城出

来，几个人都很激动，边走边聊，吉米最夸张，手舞足蹈。

"最让我骄傲的是看到卢佩圣马利亚钟。"花花拍着胸口，自豪地说，"它是我永远的骄傲！"

"是，是，非常了不起。"吉米做了个鬼脸，然后倒退着边跑边喊，"我去找辆出租车来，赶紧回宾馆睡大觉喽。"

"吉米！"大胡子叔叔抬手想阻止吉米，可那个小淘气已经跑远了。大胡子叔叔无力地垂下手，"唉，这个淘气鬼，难道他不知道墨西哥的治安很不好吗？尤其是黑车很多。"

"没事的，吉米很机灵的。"映真安慰大胡子叔叔说。

就在此时，一辆出租车突然急速朝他们驶来。

"来了，来了。"花花高

兴地说，"哈，没想到吉米这么有本事，这么快就找了辆出租车来。"

"大胡子叔叔！"吉米从出租车中探出头来，一副垂头丧气的模样。

大胡子叔叔正要问他怎么了，忽然从车子里又钻出一个人头。这人也留着大胡子，一脸得意的表情——此人正是大胡子叔叔的老对头，长胡子先生！

他大笑着说："哈哈，詹姆斯·肖，这回遇上我，你总该跟我好好比试一场了吧！"

大胡子叔叔又好气又好笑："为了跟我比试，你也太不择手段了。你知不知道，如果我现在报警的话，你会面临牢狱之灾！"

"那又怎么样！只要能跟你分出高下，我无所谓！"长胡子毫不在意地继续说，"我决定带走吉米，咱们来玩一个'寻宝游戏'，我会在各处留下线

索，如果你能找到我们，就算你赢！我一定要看看，咱俩谁才是真正的墨西哥文化大师！"

吉米可怜巴巴地插嘴："大胡子叔叔，你们一定要尽快找到我啊——"

"哼，小子你应该感谢我！只要跟着我，你能了解更多这里的风土人情。我可比他高明多啦！"

他神气活现地说完，命令司机："开车！"小车立刻一溜烟儿开走了。

映真和花花急得团团转，但大胡子叔叔镇定自若："放心，吉米跟着他不会吃苦头。没准儿吉米还真能从他那儿学到些什么。"

映真和花花怀疑地看着他。花花问："真的假的？您再这么谦虚下去，我和映真也要去投奔他了。"

大胡子叔叔笑了起来，"可以啊，三人行必有吾师，要善于发现别人的优势，才可能获得更多的学识。"

映真说:"虽然吉米不会有事,但咱们也得尽快找到他。他那么调皮,万一把那位严厉的大叔惹生气就坏了。"

"看来这场'寻宝游戏',咱们要奉陪到底了。好,咱们立即展开行动!"大胡子叔叔转身去找车了,映真和花花跟在后面,信心满满地喊着:"加油!必胜!"

大胡子叔叔不愧是经验丰富的老牌旅行家,他很快联系上朋友,朋友为他们提供了一辆便捷的汽车。大胡子叔叔一路飞奔去追寻那辆带走吉米的出租车。在路上,花花惊叫:"银币,银币!"大胡子叔叔瞥了一眼:"不稀罕啦,墨西哥的白银产量是世界第一,被称作

'白银王国'。西班牙侵占墨西哥之后，据说，每年要从墨西哥运走300吨白银！墨西哥独立后，银币上被铸上墨西哥的图案，被称为'墨银'或'鹰洋'。这种银币还曾经在中国市场上流通了50多年呢。"

不知道在路上了走了几天，这天，他们来到一个小镇，走进路边的一家餐厅。店内有几个墨西哥人正在吃饭，两个穿着西装上衣和漂亮长裙的女人，披着五颜六色的披肩。据说，披肩是墨西哥妇女的必备品。另外两个陪伴她们的男人正在喝酒，他们穿着长条方格衬衫，其中一个还穿着紧身裤。桌子上放着两个宽沿大草帽，想必这些打扮也是墨西哥人的传统装束。

这时，又进来一个男人，他头上戴着一顶宽沿大草帽，一走进饭店，就和店内的两个男人微笑握手，一起交谈起来。

"咦，我还以为他们要拥抱亲吻呢。"花花小声说。

"这是他们独特的社交礼仪。"大胡子叔叔解释说，"墨西哥人只有和熟人、朋友、亲戚和情人相见的时候才会亲吻和拥抱。不熟悉的男子之间非常忌讳亲吻或者吻手，如果有人那么做会被认为没有教养。"

大胡子叔叔正说着，店主人送来一种叫玉米饼的食物，然后又送上一些酱汁。花花饿坏了，迫不及待地拿起一块小饼，蘸了许多酱，塞进嘴巴里。然而，饼刚一吃进嘴里，花花的眼睛立刻瞪得大大的，表情古怪之极。

"是不是有点儿辣？"大胡子叔叔微笑着拿起饼，轻轻蘸了些酱汁，"墨西哥酱九成以上都是用辣椒和番茄调制而成的，这份酱中还

加了一些芒果呢。尝尝看，有很清香的芒果味哦。"

大胡子叔叔边吃边问店主人："今天您见过一个小男孩和一个大胡子男人吗？"

"有啊。"店主人爽朗地说，"那个'大胡子'比你的胡子还浓密呢。他们两个点了一大桌子菜，没吃完就走了。"

"您听到他们说去哪里吗？"大胡子叔叔着急地问。

"哦，好像是玛雅遗址，他还向我问路呢。"店老板愉快地说，"来墨西哥哪有人不去玛雅遗址的？就像中国人说的'不到长城非好汉'！"说完，店老板还冲花花挤了挤眼睛。

第4章 探秘玛雅遗址

大胡子叔叔他们得到了吉米的消息，立刻匆匆吃了饭，跳上车就出发了。

路上，花花迷惑地问大胡子叔叔："大胡子叔叔，到底哪里算是玛雅遗址啊？我看你这里标注了好几个地方呢。"

"是啊，墨西哥最知名的就是玛雅遗址，

三大必看的玛雅遗址有奇琴伊察、乌斯马尔和帕伦克。"大胡子叔叔一边回答,一边平稳地开着车,"这三大玛雅古城遗址都是著名的世界文化遗产,其中奇琴伊察的知名度最大,比中国的万里长城还要有名气。奇琴伊察玛雅城邦遗址曾是古玛雅帝国最大最繁华的城邦,所以,我想我们应该先到那里看一看。"

一路狂奔,他们很

快赶到了奇琴伊察城邦遗址，这里的建筑都非常庞大，尤其是千柱广场，那里曾经有巨大的穹窿形房子，如今剩下的只有这些庞大的柱子了，然而，从这些柱子上还依稀能看出当年巨大的建筑物。

蜗台 古天文观象台

"咦，这是什么，用来做饭的吗？"花花指着建筑在高台上的一个蜗形的东西问。

"那是玛雅人的古天文观象台。"映真轻声说，"而且根据它的形状取名蜗台。"

在奇琴伊察没有看到吉米的踪影，大胡子叔叔说："我们到乌斯马尔去看看。相比奇琴伊察的辉煌，乌斯马尔就如同一个隐者，躲藏在密林深处。"

乌斯马尔位于尤卡坦半岛北部，玛雅语为

"重建三次之地"，是玛雅三大文化中心之一。尤卡坦半岛是玛雅文明孕育、兴起和发展地之一。公元前1800年左右，玛雅猎人就开始种玉米，从事农耕活动，一直在这里生存了3500年之久。

乌斯马尔是用被切割得很好的石块建成的，整体风格典雅而美丽。这种建造方式使乌斯马尔被保存得非常好，几乎和被遗弃时一模一样，是玛雅文明的建筑杰作之一。

"咦，这是金字塔吗？怎么阶梯是椭圆形的啊？"花花有些困惑地望着眼前的巨大建筑。

阿迪维诺金字

"没错，这也是一种金字塔。"大胡子叔叔解释说，"它和常见的矩形或是正方形底座的金字塔不太一样。"

"哈，真像魔术一般啊。"映真在一旁喃喃自语。

"你说对了，这座阿迪维诺金字塔就叫魔术师金字塔，还有一个名字是占卜者金字塔。传说是一位名叫伊兹木那的占卜者一夜之间建造了它。"大胡子叔叔笑眯眯地说，"你们再看看，和金字塔相连的五座神庙，哪一座最气派。"

"那一座！"花花和映真不约而同地指着其中一座神庙喊。

"没错，那座神庙以严整、简

总督宫

练和庄严而著称。你们仔细看看那气势恢宏的建筑风格，还有精雕细刻的细节，无一不展示出玛雅人高超的技艺和智慧。你们猜猜它叫什么名字？"大胡子叔叔面带神秘地问。

"肯定是非常气派的名字呗。"花花用理所应当的语气说。

"呵呵，恰恰相反，它叫修女庙。"

"什么？"花花和映真都大张着嘴巴，久久合不拢。

"这片遗址是西班牙人发现的，他们觉得这片院落像修道院，就取了这个名字。其实，它是玛雅的一所学校，用来培养宗教、医学、数学、天文学等方面的专业人士。"

"在7世纪奇琴伊察开始衰落的时候，乌

斯马尔就成了尤卡坦地区最大的玛雅城市和宗教中心。"

从修女庙走出来,穿过一座古球场,来到总督宫。总督宫应该是玛雅贵族的居所或者是统治者办公的地方,里面的几何纹图案是玛雅建筑中最杰出的建筑装饰,外墙上雕刻的石块竟然拼出羽蛇神面具和其他面具。总督宫前俯卧的双头美洲豹石雕是曾经的祭坛遗留下来的仅存的遗迹。

在这里依然没有找到吉米,但大胡子叔叔毫不气馁,又领着映真和花花朝帕伦克走去。

帕伦克不在尤卡坦半岛,而在恰帕斯州境内群山中的一块坡地上,距离乌斯马尔和奇琴伊察都很远。城市中心有一条河缓缓流淌,这是奥托罗姆河。城市中有神庙、宫殿、广场、民舍等。

金字塔上的碑铭神庙是帕伦克最著名的

碑铭神庙

建筑，金字塔的规模并不大，碑铭神庙也显得比较小。神庙中有石碑、壁画和浮雕等，还有许多至今无法破译的象形文字。1952年，在神庙的地板下发现了巴卡尔国王的墓室。据说这是中美洲发现的第一座类似古埃及王陵的陵墓。

帕伦克宫中有拱顶长廊和院落，内外墙上均有壁画和浮雕，虽然已经被剥蚀得模糊不清了，但依然可以从残画里看到华丽的影子，感知他们的精湛技艺。内壁中有一幅帕伦克国王巴卡尔从母亲手中接过王冠的雕刻，由于得到妥善的保存，至今依旧栩栩如生。

几个人看得如痴如醉，几乎和四周的一切融为一体。直到一队旅游团的到来打破了沉静，他们才从短暂的神游中走出来。

"这里这么多人，我们到哪里去寻找吉米呢？"花花望着来回走动的人群，发愁地说。

"别着急，那个长胡子既然要和我比试，肯定会留下线索的。"大胡子叔叔安慰她说。

他们继续一边游览一边朝前走，突然有个人撞了映真，映真差点摔倒，等他站稳的时候，才发现手中多了一张卡片，卡片上只画着一轮金黄的太阳。

"瞧，信号来了！"大胡子叔叔耸耸肩，大步走向汽车。

第5章 登上太阳金字塔

"大胡子叔叔,大胡子叔叔!"花花和映真气喘吁吁地跟在大胡子叔叔身后,边走边喊,"我们到底要到哪里找这个太阳啊?"

"那个长胡子给的信号当然和玛雅文化有关,他不会无缘无故画个太阳给我们的。"大胡子叔叔说。

"太阳和玛雅?"花花的眉头拧成了麻花,"玛雅的太阳和别的地方不是同一个太阳吗?"

"是太阳金字塔啊,小丫头。"大胡子叔叔拍拍她的小脑袋,"玛雅的太阳金字塔非常有名,它宏伟的规模,精巧的构造,完全可以媲美埃及金字塔。"

"哦,原来是太阳金字塔啊!"这下两个孩子不吭声了,安静地跟着大胡子叔叔上了车。

太阳金字塔是古印第安人祭祀太阳神的地方,地处当

太阳金字塔

时世界上繁华大都市多提哈罕的中心。多提哈罕是墨西哥历史上最早、最大的城市，而太阳金字塔是多提哈罕城最大、最早的建筑。

"是玛雅人建造了多提哈罕吗？"花花问。

"确切地说是托尔蒂克人，"大胡子叔叔回答说，"托尔蒂克人是古印第安玛雅人中的一支，他们建造了这座城市，包括著名的羽蛇神庙、太阳金字塔和月亮金字塔，以及纵贯南北的'逝者大街'。"

"嘿，你们看，它多像一个大蛋糕啊！"花花惊叹说。

"呵呵，这个'大蛋糕'可真够巨大呢。"映真忍不住笑了。

没错，太阳金字塔从下而上层层堆叠，然后又逐渐

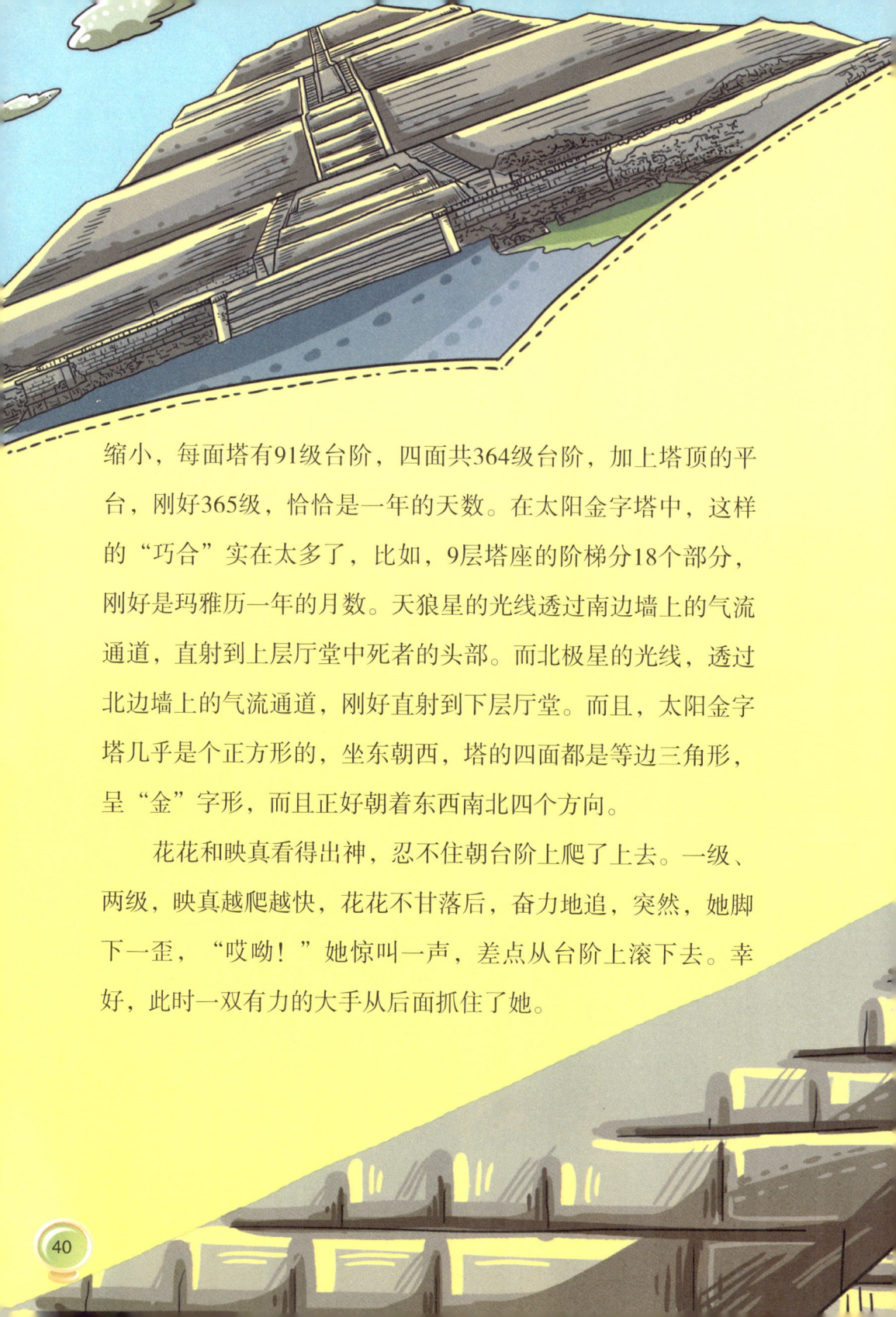

缩小，每面塔有91级台阶，四面共364级台阶，加上塔顶的平台，刚好365级，恰恰是一年的天数。在太阳金字塔中，这样的"巧合"实在太多了，比如，9层塔座的阶梯分18个部分，刚好是玛雅历一年的月数。天狼星的光线透过南边墙上的气流通道，直射到上层厅堂中死者的头部。而北极星的光线，透过北边墙上的气流通道，刚好直射到下层厅堂。而且，太阳金字塔几乎是个正方形的，坐东朝西，塔的四面都是等边三角形，呈"金"字形，而且正好朝着东西南北四个方向。

　　花花和映真看得出神，忍不住朝台阶上爬了上去。一级、两级，映真越爬越快，花花不甘落后，奋力地追，突然，她脚下一歪，"哎呦！"她惊叫一声，差点从台阶上滚下去。幸好，此时一双有力的大手从后面抓住了她。

"丫头，小心啊！"大胡子叔叔亲切的声音传了过来。

"啊，大胡子叔叔，你怎么也爬上来了？"花花意外地欢呼。

"呵呵，我有先见之明啊。因为每次不是吉米捣蛋，就是你出意外，我早就习惯了。"大胡子叔叔故意取笑花花。

"大胡子叔叔！"花花果然恼羞成怒，正想发威。突然，映真喊了起来："嘿，快来啊。这里可以看到整座古城的全貌

哎呦！

呢！"

原来，映真已经爬上了塔顶，正兴奋地冲他们打招呼，让他们来欣赏美景。

太阳金字塔的塔顶曾经有一座太阳神庙，那是古印第安人祭祀太阳神的地方，可惜，由于年代久远，已经风化得很严重，根本无法恢复原状了。

"哇！我觉得这座金字塔好高好高哦！"花花站在塔顶，忍不住尖叫。

"是啊，它是世界上第三高的金字塔呢。"大胡子叔叔一边眺望远方，一边说，"确切来说，它的体积比埃及胡夫金字塔更大。"

"那世界上最高的金字塔是胡夫金字塔喽？"花花自以为是地说。

"不对，"映真说，"这个我知道，胡夫金字塔只能说是埃及现存规模最大的金字塔。埃及有个金字塔群，叫吉萨金字塔，里面有三座最大、保存最完好的金字塔，胡夫金字塔就是其中一座，另外还有海夫拉金字塔和门卡乌拉金字塔。"

"酷！"花花比了个赞扬的手势，映真和大胡子叔叔都笑了起来。

正当他们讨论着太阳金字塔的神奇的时候，忽然听到一个古怪的声音："月亮升起来喽，月亮升起来喽……"

第6章 迷人的月亮金字塔

月亮金字塔和太阳金字塔都是特奥蒂瓦坎古城遗迹的主要组成部分。如同太阳金字塔用来祭祀太阳神一样，月亮金字塔是祭祀月亮神的地方。它地处墨西哥城东北部波波卡特佩尔火

月亮金字塔

……山和依斯塔西瓦特尔火山的山谷之间，坐北朝南，塔前有宽阔的广场，可以容纳上万人。它是当时中美洲的第一大城，也是古印第安玛雅人中的托尔蒂克人的宗教圣地和经济中心。

"月亮金字塔和太阳金字塔是同时修建的吧？"花花望着远处的月亮金字塔说，"我觉得它们很相像呢。"

"也对，也不对。"大胡子叔叔深沉地说，"月亮金字塔比太阳金字塔要晚200年建成呢。不过，它们的建筑风格是一样的，只是月亮金字塔比太阳金字塔的规模要小一些。"

月亮金字塔的规模虽然稍小，但是建造非常精细，只要细心看看那200多级台阶就能感受到了，瞧，这么多台阶竟然每级台阶的倾斜度都不相同。塔分五层，外部的石块上绘着五彩斑斓的壁画，看上去十分壮观。

"嘿，快看！"花花指着圆柱上雕刻的图案惊呼，"这是蝴蝶吗？"

"那是一只蝶翅鸟。"大胡子叔叔凑过来看了看说。

"太神奇了，那个时候建造的，到现在颜色竟然还这么鲜艳！"映真也忍不住称赞了起来。

月亮金字塔的南边有一座宫殿，名字很好听，叫蝴蝶宫。这里堪称是全城最华丽、最舒适的地方，因为它是宗教上层人物和达官贵人们的住所。在这座宫殿的下面竟然又发掘出一座海螺神庙，神庙上装饰着美丽的羽毛。

"咦，这是什么，超级蜘蛛

海螺神庙壁画

网！"花花笑嘻嘻地指着游览牌上画的图问。

"呵呵，这个的确像蜘蛛网。"大胡子叔叔也笑了，"这是海螺神庙下面的排水系统，做得多好啊，纵横交错，根本不会有积水现象。"

"真奇怪，怎么金字塔下还有神庙啊？"花花皱起了眉头。

"呵呵，因为月亮金字塔在几百年时间中至少翻新了六次，而且每次新建的规模都会超过上一次。第一座金字塔是小块砖瓦建成的，而现在的金字塔则是用巨石筑成的。"大胡子叔叔解释说。

月亮金字塔有精湛的壁画、雕刻，还有彩色陶器，这些

都是古印第安文化的瑰宝。花花他们站在描绘盛大宗教祭祀的"农业神庙"前，聚精会神地盯着上面画的盛大的宗教祭祀的情景。画中的人物排成7行，神态各异，这些都没什么惊奇的，最让人吃惊的是人物口中吐出的花纹。

"这是什么啊，他们嘴里吐出来的是莲花吗？"花花没头没脑地问。

"我觉得应该是说话的内容吧。"映真回答说。

"历史学家认为这可能是托尔蒂克人的象形文字符号，当然也就有可能是对话呢。"大胡子叔叔最后总结说。

最后他们来到水神的石雕像前，这座雕像十分庞大，是用几块巨石拼砌而成的。水神头上戴着冠冕，两个耳朵上戴着耳环，两眼平视前方，神情非常严肃。水神粗壮的身体上穿着合身的衣袍，衣袍上精细地雕刻着一些几何图案。

正当他们看得如痴如醉的时候，映真突然觉得眼前一晃，抬头一看："咦，快看，空中飘起一条蛇！"

花花和大胡子叔叔也赶紧抬头看去，没错，真的是一条蛇，一条在空中飞舞的蛇风筝！

"信号来了！"大胡子叔叔喃喃地说。

埃及到底有多少金字塔？

金字塔是古埃及国王的陵墓，目前在埃及发现的金字塔大约有96座，大小不一。最大的三座金字塔都位于开罗郊区的吉萨。

第一座大金字塔是胡夫金字塔，胡夫是第四王朝的第二个国王。他的金字塔高146.5米，据说用10万人，花费了20年的时间才建造而成；第二座金字塔属于胡夫的儿子，哈佛拉国王，塔前有著名的狮身人面像；第三座金字塔是胡夫的孙子门卡乌拉国王建造的，由于此时王朝开始衰落，金字塔的高度也猛然降到了66米，内部结构也不如前面两座金字塔精巧。

第7章　羽蛇神庙

花花实在不想去看什么羽蛇，不管是蟒蛇、小蛇还是小小蛇，她都一点兴趣都没有。在她的记忆中，蛇是一种恐怖的动物，软软的，凶凶的，似乎随时都会跳起来攻

击人。

"快走，今天就是观赏'羽蛇下凡'奇观的日子，相信长胡子肯定会带着吉米去那里呢。"大胡子叔叔急匆匆地催促花花和映真。

"羽蛇下凡"奇观是羽蛇神庙特有的景色，吸引了无数人前来欣赏。这的确是一个奇迹，一个精确的天文计算和精美的建筑艺术相结合的奇迹。每到春分和秋分这两天，太阳偏西落到某个角度的时候，就会有一条巨蛇好似从天而降，在金字塔上蜿蜒游动。

"真的有蛇从天上飞下来吗？"花花忍不住问。

"当然不是，那是因为从某个特定的角度去看，金字塔西

北角9层塔座的阶梯棱角投射到北坡西墙上，阴影刚好遮在一个蛇头雕塑后面，再加上落日余晖角度的变化，远远望去，恰如一条蜿蜒的长蛇在徐徐游动。"大胡子叔叔解释说。

"可是，我们来得及看吗？"映真有点担心地问。

"放心吧。整个幻象奇景会持续整整3小时22分，分秒都不差呢。"大胡子叔叔骄傲地说。

玛雅历法中每年的5月1日和9月1日，也就是中国农历的春分和秋分的时候，太阳会直射赤道，白天和黑夜等长，只有在这两天才会有"羽蛇下凡"的奇观。

玛雅语"库库尔坎"的意思是"带羽毛的蛇神"，羽蛇神是墨西哥的古印第安人崇拜的神，它掌管着雨水和丰收。因而，在古玛雅人眼中，羽蛇神可以让

土地更加肥沃，可以保佑玛雅人的农作物丰收。羽蛇神庙大概和太阳金字塔塔顶上的神庙是同时期建造的。它原本是一座非常辉煌雄伟的建筑，然而由于年代久远，神庙已经倒塌，只剩下神庙的底座还在向人们诉说着往日的辉煌。

神庙底座有9层，每一层都有众多的羽蛇神头像和雨神头像石雕间隔排列。石板上雕刻着粗犷的图案，蛇身栩栩如生，蜿蜒在石板上。那精致的工艺令人赞叹的同时不禁让人怀疑，它们真的只是用一些石制工具加工而成的吗？庙基上还雕刻着精美的图案，以及一些怪异的象形文字，然而一直都还没有被破译出来。

"嘿，你们看，这个羽蛇神头部的造型和我们中国的龙好像

库库尔坎金字塔

好像我们中国的龙啊!

啊!"花花欢呼。

"没错,真的很像呢。"映真赞同地说。

库库尔坎金字塔是奇琴伊察古城中最高大的建筑,它有9层,塔基是四方形的,越往上越小。9层塔座共有18个阶梯,这恰好是古印第安人历法一年中的月数。而通往塔顶的四方阶梯各有91级平台,再加上塔顶的平台,恰好是365级,整整一年的天数。

这些精准的数字已经令人惊奇不已,然而,拾级而上,还有更大的惊奇等着呢。台阶很陡峭,仰望那91级台阶,花花忍不住用力吸了口气,一鼓作气爬了上去。

"走,我们往下去看更神秘的东西。"大胡子叔叔招呼说。

"什么?"花花差点一头从金字塔上栽下去。不会吧,她好不容易拼了小命,冒着满身热汗爬上来,现在竟然又要她下去。

还没等她提出反对意见,映真已经乖乖地跟着大

53

勇士庙

胡子叔叔朝金字塔北面的塔基走了过去。花花只得跟在后面尽力追赶。还好，下阶梯比上阶梯省力多了，迎着傍晚的阵阵凉风，花花又快乐起来。

来到基座底部，大胡子叔叔没有停下脚步，依旧往前走去。花花正想喊他，忽然看到原来那里有一条通道通向塔的内部。走进塔内，又是台阶，而且更加陡峭。花花一边小心翼翼地上台阶，一边数着，等她双脚落地的时候，恰好数到61。

台阶的顶端也是一座神庙，庙中有一个石头雕刻的美洲豹，仔细看它的双眼，璀璨无比，因为那是用玉石镶嵌的。

走出库库尔坎金字塔，它的东面有一座勇士庙。勇士庙建在一座金字塔上，金字塔不高，只有4层，入口是一个巨大的石雕像，雕像是一个仰卧的人形。用古玛雅人的说法，它是"恰克莫尔"神像。而在它的后面则是两个张着大嘴的羽蛇神。

"瞧，大胡子叔叔，这是什么？"映真指着花花背包上不知道何时冒出来的一束鲜花问。

"哼，这一定是长胡子那家伙留给咱们的信号！"大胡子叔叔说。

"哇，用鲜花来送信，想不到那位大叔还挺浪漫的嘛！"花花把那束花翻来覆去地看了一会儿，"奇怪！没有纸条什么的啊。"

"不需要纸条。因为这束花，本身就传递了信息……"大胡子叔叔捏着胡子想了想，说，"墨西哥有一座花城，他肯定是带着吉米去那里玩了。"

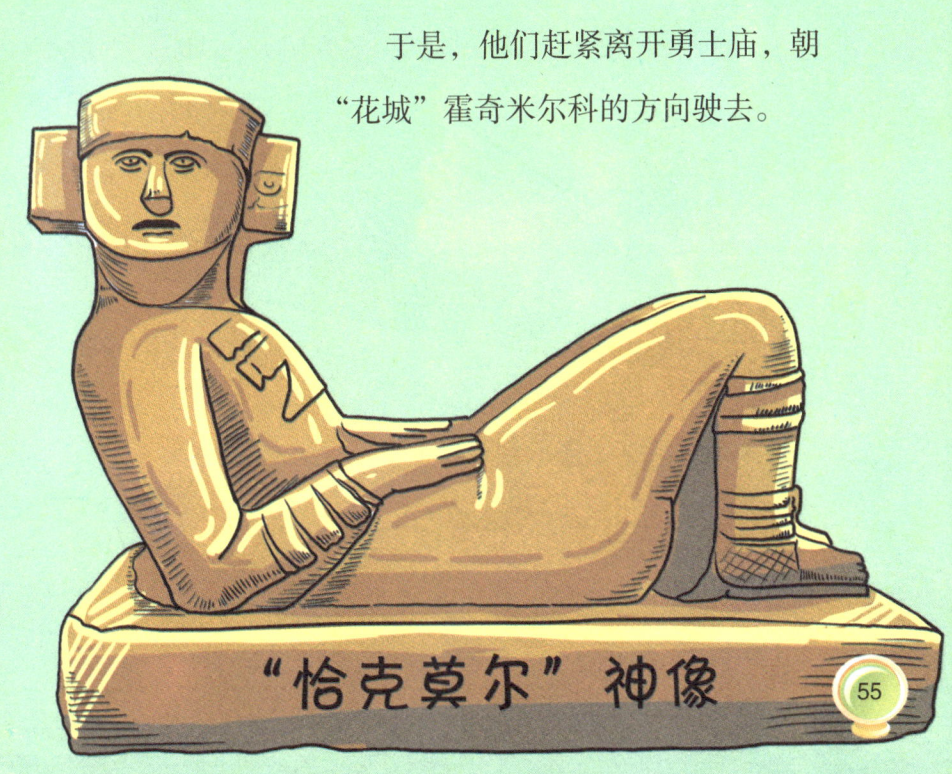

于是，他们赶紧离开勇士庙，朝"花城"霍奇米尔科的方向驶去。

"恰克莫尔"神像

第8章 花城"惊魂"

　　霍奇米尔科距离墨西哥城约18千米，这是一个保留了许多墨西哥传统习俗的小镇。印第安语中，"霍奇米尔科"的意思是"播种鲜花的土地"，而这座小镇也的确是一座名副其实的"花城"。

　　霍奇米尔科的气候很好，四季如春，而且雨水充

沛，非常适宜种鲜花和蔬菜。一走进霍奇米尔科镇就能看到许多条运河纵横交错，清澈的河水在阳光下熠熠生辉。这些运河都是为了运输鲜花而挖掘的。运河两岸鲜花盛开，蔬菜和花草在风中自在地摇摆着。以往，小镇上的花农和菜农都是自己经营，现在政府为了让小镇的鲜花种植业更加兴旺，派出了众多的农业技师随时给花农们提供技术支持。

"哇，这里的花太多了，太美了！"花花沉浸在花的海洋中，快乐得又蹦又跳，"这是玫瑰，这是百合，这是康乃馨，呃，那个是什么？"

"那是天堂鸟。"大胡子叔叔一边回答一边欣赏身边的盆栽，"瞧，这些盆栽好看吧？墨西哥人的发音和中国话差

不多呢，呵呵，也叫'盆栽'。"

"什么？"花花再次惊叫，"难道他们是跟我们中国人学的？"

"的确有这种说法哦。"大胡子叔叔边说边朝花卉市场走去。

霍奇米尔科镇不但鲜花盛开，而且有四大鲜花市场。其中，库埃曼科花卉市场号称世界第三大花卉市场，仅次于加拿大和荷兰的花卉市场，占地约13公顷。如果你以为来霍奇米尔科镇只观赏鲜花，那就错了，乘坐花船游览运河风光，这才是霍奇米尔科镇最吸引人的地方。

最早的花船非常简陋，只是把一根树干挖空做成独木舟。后来，人们才制作了有棚顶的花船，可以乘坐8到30名乘客。这种船上装满了鲜花，香气四溢，带着浓浓的西班牙特色。花船上有用鲜花和稻草扎起的招牌，写着美丽而动听的名字。为了保持花船的艳丽，船上鲜花每隔10到15天就会被重新装饰一次。

整个小镇上有8个码头，约有100多条花船，许多城里的诗人来到这里乘坐花船游览风光，以此来激发自己的写作灵感。

"嘿，映真，你看，那是什么？"花花坐在花船上，左摇右晃，看到什么稀奇的东西都要大嚷大叫一番。

"好像……好像是在祭拜吧。"映真不确定地说。

"没错，的确是祭拜。"大胡子叔叔一边拍摄照片一边

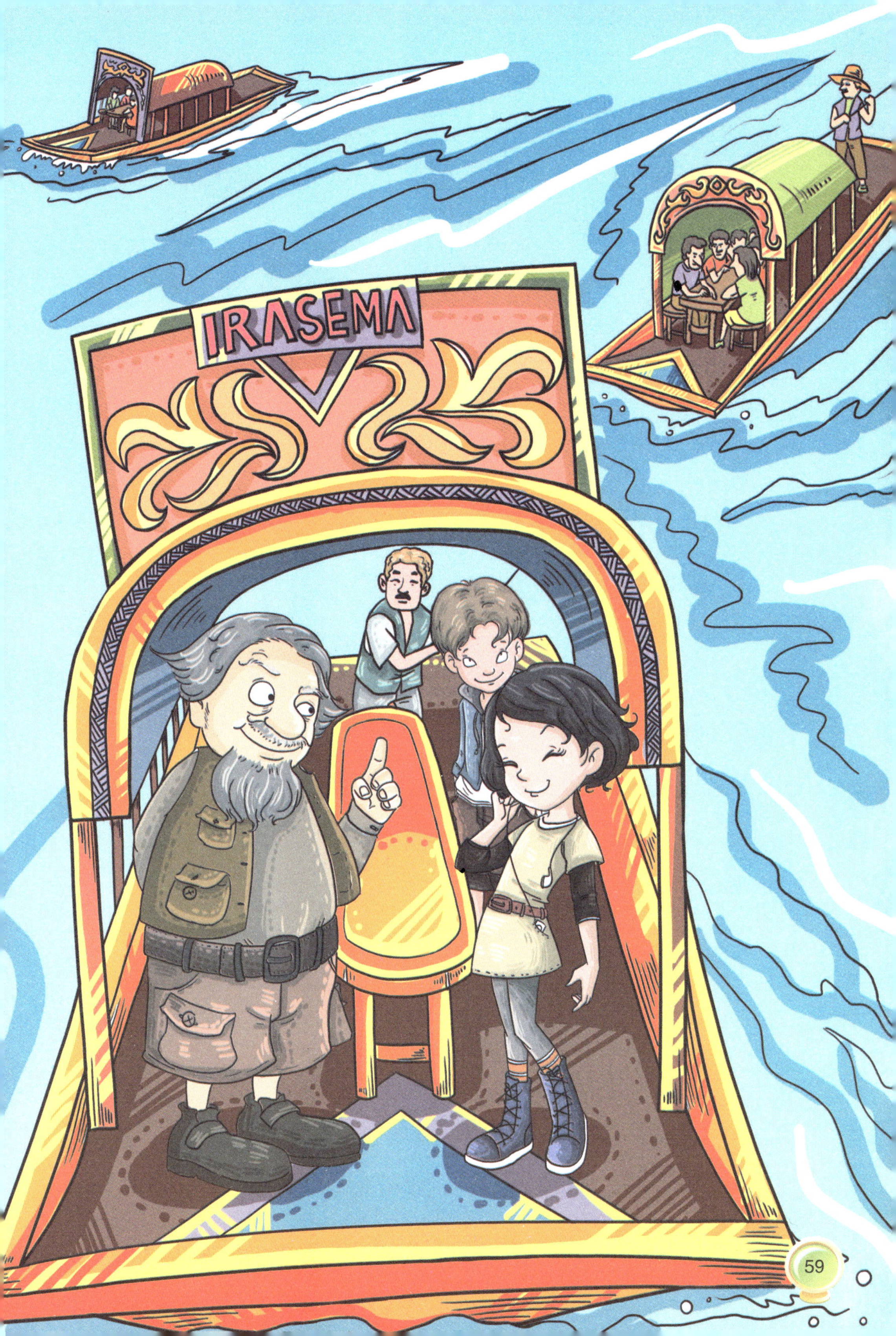
IRASEMA

头也不回地回答说，"这是祭祀'哭泣女神'的，不过，这不是真正的祭祀活动，而是一种商业运作罢了。"

"那么，是不是真的有'哭泣女神'的祭祀呢？"花花紧追着问。

"有啊。每年的7月18日就是祭祀哭泣女神的'玫瑰花日'。"大胡子叔叔说，"哭泣女神是霍奇米尔科镇的守护神，也是阿兹台克人崇拜的女神。"

"这位女神肯定很美。"花花一脸崇拜地说，"在这样美丽的花城中受到人们的崇拜，肯定是超级大美女。"

"哈哈，你错了。这位女神披着长发，大张着嘴巴，露

出稀疏的牙齿。"大胡子叔叔微笑着说,"古时候,祭祀女神的时候还要杀掉几名奴隶或战俘呢。然后再向女神献上鲜花,以求得到女神的庇护,给人们带来好运。"

他们边说边走,不知不觉中花船已经靠岸了。此时,虽然天色已经昏暗,但是游人仍然络绎不绝。大胡子叔叔一行人从花船上下来,加入到游玩的人群中。

"快来,快来!"大胡子叔叔边喊边拖着花花和映真,一副返老还童的顽皮样。他们三个正在人群中玩得开心,突然,他们同时觉得眼前一黑,然后迷迷糊糊中感到有人把他们架起来,拖拉着走……

第9章 被印第安人"俘虏"了

"咦,这是哪里?"大胡子叔叔一行人清醒过来,睁开眼睛看到的不再是万紫千红的鲜花,而是一座深山。深山中隐隐能看到一些房舍,晨雾覆盖在村落上,飘逸而安静,如入仙境。

几声小孩子的尖叫声响起,然后是咚咚咚的跑步

声。花花睁开眼睛一看："哇！"她惊叫了一声，眼前竟然是个土著小孩！

"糟糕。"大胡子叔叔嘟囔了一句，"咱们怎么被带到了土著部落的领地。"

墨西哥有很多土著部落，他们过着与世隔绝的日子，一点儿都不欢迎普通的游客到他们的领地参观。据统计，墨西哥大约有62个少数民族，大多居住在墨西哥的中部和南部。那些精致而地道的"民俗村"并不是真正的土著村落。

很快，来了几个土著男子，赶着他们朝最大的一间木屋走去。木屋

内，几个年老的土著人席地坐着，神情非常严肃。

"啊，他们要干什么？"花花顿时吓得大惊失色。

"肯定是闹了什么误会。"大胡子叔叔一边说，一边把两个孩子护在身后，然后轮换用各种语言和那些土著人沟通。大胡子叔叔不愧见多识广，他一连换了七种语言，终于双方可以对话了。

"你的孩子把我们的孩子摄进'黑洞'中去了。"村长气愤地指着他们的照相机说，"这样做会把我们的孩子变成形体丑陋的魔鬼，我们不会允许这样的。"

"这是误会，村长，我们这是照相。"大胡子叔叔解释说，"对孩子们不会有任何伤害的。喏，我可以把照出来的图像给你们看。另外，你看，我们经常这样把自己照进来。"

大胡子叔叔让花花和映真站好，他连着拍了好几张。那些土著人见了纷纷躲避，唯恐把他们拍进去。然后，大胡子叔叔把数码相机放到村长等几个领导人物面前，给他们翻看刚刚照过的一些照片。他们看了非常感兴趣，相互窃窃私语起来。

这时，大胡子叔叔趁机对花花和映真说："他们是墨西哥的恰姆拉人，他们觉得照相是一种可怕的巫术，所以特别反对拍照。"

"啊，照相是巫术？"花花惊讶地张大了嘴巴，"这可真搞笑。"

"事实就是如此。"大胡子叔叔严肃地说,"他们相信照相能把人摄进一个无边无际的黑洞,然后把照进去的人变成一个形体丑陋的魔鬼。"

就在这时,村长喊大胡子叔叔:"你们竟然给这么多人照了相,看来这种巫术的确很厉害啊。不过,看上去他们喜气洋洋的,应该不会变成魔鬼。"

"当然不会。"大胡子叔叔说,"您看,我们照了这么多相,不还是照样活蹦乱跳的吗?"

村长终于相信了大胡子叔叔的话,非常热情地款待了他们。

这个村中的人们都是玛雅人的后代,他们保留了自己的语言、文化、生活方式以及自己的信仰。村民们至今都穿着传统的鲜艳的衣服,这些裙子都是手工制作的,每一件都至少需要三个月时间绣成。村中的部分男人会说西班牙语,女人们几乎不和外界接触,所以她们只会讲自己部落的语言。

墨西哥的"种族日"

每年的10月12日,是墨西哥的"种族日"。500多年前,哥伦布率领80多名水手、3条大船,寻找通往印度和中国的海上航线。就在10月12日这一天,船队来到巴哈马群岛中的圣萨尔瓦多岛。墨西哥人认为,正是哥伦布和西班牙殖民者来到美洲,把美洲误认为是印度,把当地土著人误认为是"印第安人",才令美洲的种族发生了变化,因此,他们把这一天作为争取自己的尊严和认同的"种族日",同时,他们呼唤和平,要求弘扬自己的文化和历史。

第10章 哎呦，小鼻子美女

村长非常喜欢博学多才、幽默温和的大胡子叔叔，热情地挽留他们在村里多住几天。虽然大胡子叔叔挂念吉米，但想到长胡子的行程其实跟自己设计的旅行路线也差不多，吉米跟着他一样能够吃好玩好，于是也就放下心来，答应了村长的邀请。

这里大部分都是热带高原，属于半荒漠和荒漠地区，降水量极少，因而是耐旱的仙

人掌的乐园，成片成片的仙人掌一眼望不到头。

墨西哥有几百种仙人掌，其中200多种仙人掌是他们特有的品种。仙人掌的纤维可以制作粗布，茎秆可以做燃料和建材，嫩芽可以做菜肴，可以说仙人掌是墨西哥人最亲近、最忠诚的朋友。

晚上，众人围坐在火堆旁吃晚餐。凉拌仙人掌、炒仙人掌、炒仙人球，花花吃得实在有点腻了，她忍不住把手伸向颜色鲜艳的辣椒。

"啊！"花花忍不住皱了皱她的小鼻子，又用手揪了揪，顿时，身后几个土著小伙子纷纷吸气，然后叽里呱啦讨论起

来。过了一会儿，有一个小伙子拿了一束白色的鲜花送给花花。花花莫名其妙地接过白花，她哭丧着脸问大胡子叔叔："大胡子叔叔，他为什么要送白色的花给我啊？"

"别乱想，"大胡子叔叔说，"那是他在表达对你的喜爱。他们认为白色的花可以驱邪，所以对白色的花格外喜爱。"

"真是奇怪，"敏感的映真忍不住问大胡子叔叔，"我觉得他们好像在讨论什么事情，而且是针对花花的。"

"呵呵，是啊，他们在讨论说花花是大美女呢。"大胡子叔叔笑呵呵地说。

"什么？"映真吃惊地张大了嘴巴，"花花虽然很漂亮，但离大美女还有点儿距离吧。"

"嗯？"花花的目光转向映真，眼神中充满愤怒和威胁，"你的意思是他们的眼光有问题？"

"不，不，是他们的眼光很特别。"映真赶紧语无伦次地解释，"很……很别致，很……"他望着大胡子叔叔求助。

"呵呵，花花，你就不要为难映真了。"大胡子叔叔赶紧给可怜的映真解围，"想知道那个小伙子送花给你的秘密吗？"

"当然想啊。"花花和映真异口同声地喊。

"因为他们审美的习俗非常特别，鼻子是他们审核一个人美丑的重要标准。喏，你看花花的鼻子，是不是又扁又小，而且微微上翘？"大胡子叔叔微笑着说，"长着这样鼻子的女孩是他们心目中最理想的美人。"

"啊！"花花听了，忍不住有些失望，她原本就是清秀佳人嘛，还以为众人看出她大美人的潜质呢，没想到竟然欣赏她最不喜欢的扁小的鼻子。

这时，又有一个男孩走过来，送了一个雄鹰的饰品给花花。花花心说，我一个柔柔弱弱的女生要这干嘛啊。

黑曜石可是墨西哥的国石哦！

"花花，快收下！"大胡子叔叔在一旁催促说。

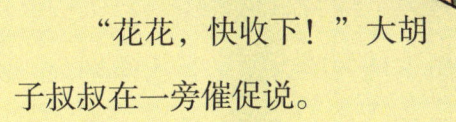

花花一听大胡子叔叔的语气中有玄机，赶紧收下了那只雄鹰。果然，过了一会儿，大胡子叔叔告诉她，墨西哥人把雄鹰视为英雄的化身，同时也是勇敢和美好的象征，所以一定不能轻视他们心中美好的雄鹰。

花花刚收了两件礼物，还没来得及欣赏，又有一个男孩走过来，拿一块黑色的石头送给花花。花花心中大叫：这什么玩意，玻璃球？拜托，我不是小孩子了好不好。

"这是黑曜石啊！属于非纯晶质的水晶宝石。"大胡子叔叔惊叹说，"它是火山熔岩迅速冷却后形成的一种天然玻璃，非常珍贵，墨西哥的国石就是黑曜石哦。"

"哇，这么名贵的东西啊，我可不敢收。"花花说着，就要把黑曜石还给那个男孩。大胡子叔叔赶紧制止了她，"千万不要，不然他会以为你看不起他，而且他的族人以后也会看不起他，认为他是被拒绝的人。"

"可是……"花花也不知道说什么好了，"原来受欢迎也是一件痛苦的事啊，我以前还挺羡慕那些明星呢，现在看来，还是做个普普通通的人自由快乐一些。"

"哈哈，这是好事，花花，没想到这次经历竟然让你成长不少呢。"大胡子叔叔看起来很高兴，"而且，这件事情对咱们目前的情形来说也是一件好事呢。原本他们明天要举行祈雨舞会，村长虽然想让咱们参加，可是村中的其他人都不太赞同，现在你这小鼻子美女一出马，相信肯定可以拉回不少同意票呢。"

"太好了，我正觉得无聊呢，这下可以见识新鲜的东西啦！"花花欢呼起来。

果然，大胡子叔叔猜测得不错。不少村中的少年们都支持花花他们留下来，虽然有几个长者反对，最后还是被说服了。

明天要参加祈雨舞会！

第11章　祈雨舞与黑曜石

祈雨舞，也是求雨舞，这是一种仪式性舞蹈，是为了祈求作物生长需要的降雨而跳的舞蹈。古埃及和一些印第安部落，以及巴尔干半岛国家都有这种舞蹈的存在。非洲一些干旱地带

祈雨舞!

也流行这种舞蹈。

祈雨仪式开始了,人们穿戴羽毛饰品,身上佩戴美玉,这些装饰象征着风和雨。他们唱着古老的歌谣,跳着祖祖辈辈流传下来的舞蹈,一边跳,一边唱,似乎在向他们的神诉说着他们的乞求。

他们非常虔诚,而且非常执著,舞蹈持续很久,直至天空飘下雨丝。

"天哪,好险,幸好下雨了,不然要等到什么时候啊。"花花吐吐舌头,小声嘀咕说。

"放心吧,他们有巫师,有一定的天文知识,不会随便哪一天都来祈雨的。这和现代科学的人工降雨是一样的,必须达

到一定的条件才可以去做。"大胡子叔叔小声解释说。

祈雨结束后，众人回到小木屋中，花花望着窗外的大雨，忍不住啧啧称赞："真好，太神奇了。我如果能学会这祈雨舞就好了。"

"得啦。"映真难得地反驳她说，"你不知道他们祈祷时的说辞，光会跳舞有什么用啊。"

"也是哦。"花花顿时丧失了学舞蹈的兴趣，盯着手中的黑曜石玩，"映真，你懂黑曜石吗？"

"知道一点。"映真谦虚地说，"黑曜石在墨西哥的玛雅神殿中，常被用来装饰神兽和雕像的眼睛，有时也用作武器呢！他们认为黑曜石具有特殊的神性。而且在佛教中，黑曜石也被看作是一种可以辟邪的宝石。"

黑曜石有单色的，有条纹的，还有斑点的。其中稀少的彩虹单眼黑曜石及彩虹双眼黑曜石最为珍贵，颜色漂亮，形状也好看。此外，还有一种冰种黑曜，更是黑曜石中的极品。冰

种黑曜的年代非常久远,也是黑曜石中时间最久远的。它来自冰岛的海克拉火山,是冰河时期火山爆发所孕育出的圣物,因此,它吸收了最为纯净时期的日月精华,也孕育了天地间最为纯正的能量。它的透明度很高,表面看是纯黑的,经强光照射呈现咖啡色。而且,它还是一种非常罕见的能量石。

"啊,没想到这小小的石头竟然这么了不起,有这么多秘密呢!"花花感叹说。

"它不光有秘密,还有传说呢。"大胡子叔叔不知道什么时候也凑了过来,"黑曜石又称'阿帕奇之泪'。传说,有一个部落的一支队伍打仗的时候不小心中了敌人的埋伏,经过一场惨烈的搏斗后,全军覆没。这个噩耗传回家乡,战士的亲人

黑曜石又称"阿帕奇之泪"

们全都痛哭起来，他们的眼泪洒落到地上，凝聚成一颗颗黑色的小石头，这就是黑曜石。因而，有人送黑曜石给朋友，也是送快乐给朋友，因为'阿帕奇之泪'已经拥有了所有的眼泪，拥有了黑曜石的人将永远不再哭泣。"

"我会永远珍藏它的！也会永远记住送我黑曜石的大哥哥，他送出的是一份纯净的感情。"花花听了这个传说，神态凝重地说。

大胡子叔叔开心地摸摸她的头："很好，花花长大了，懂事多了！"

大雨下了一夜后，第二天万里无云，又是一个大晴天。大胡子叔叔决定带着花花和映真继续上路。

当他们告别的时候，村长给大胡子叔叔一张照片："这是另一个大胡子给我们的，就是他告诉我们你们用照相机对我们不利，所以我们才会埋伏在那里。后来你们真的来了，而且拿着照相机冲我们照相。这个是他让我交给你的。说实话，我喜欢你这个大胡子，并不喜欢那个大胡子。不过，"他嘿嘿一笑，有点狡黠地眨眨眼睛，"他给了我们不少好东西，所以，我不得不帮他一点小忙。大胡子，你不生气吧？"

"不，"大胡子叔叔笑呵呵地说，"我一点儿都不生气，如果他下次给你东西，你也尽管毫不客气地收下！我也很欣赏你这个朋友！"大胡子叔叔说完，和村长两个人一起仰天大笑起来。

"莫名其妙！"花花看了看映真，映真露出一副"我也不知道发生了什么事"的表情。花花歪歪嘴，耸耸肩，径自往车上去了。

第12章 美味仙人掌果

据说，全世界已知的仙人掌科的品种有1000多种，而墨西哥就有500多种。仙人掌的花朵五彩缤纷，有红色的，有黄色的，还有紫色的，点缀在绿油油的仙人掌林中。墨西哥是仙人掌的世界。仙人掌不仅荣登墨西哥国旗，还被做成各种材质的纪念品，被世界各地的游人带回家珍藏。而且，它还是墨西哥人离不开的美味水果和菜肴。

"那是什么？"花花在车上尖叫起来，"看起来好漂亮啊！"

"天哪，是芦荟！"映真也难得地尖叫起来，"我从来没见过这么好看的芦荟呢，瞧，它的顶端还有紫色的小花，太不可思议啦！"

"仙人掌在墨西哥实在是太常见了，处处可见，处处可吃。而且，不仅仙人掌可以吃，仙人掌的果实更是美味的水果。每年的7、8月份就是墨西哥的仙人掌果的采摘旺季。当地人还要给仙人掌果过一个热闹的'图纳节'呢。"大胡子叔叔笑眯眯地说。

"为什么叫'图纳节'啊？"花花立刻追问。

"这是因为仙人掌果在当地人口中被称为'图纳'。"大胡子叔叔回答说。

花花遗憾地说："唉，要不是急着找到吉米，真想去好好

尝尝这里的仙人掌果。"

映真安慰她说:"没关系呀,花花。等我们找到吉米,再一起去吃仙人掌果。"

大胡子叔叔笑了起来,说:"你们看看,这是什么?"他递给映真一张照片。

映真和花花抢着看那张照片,只见上面是大大小小、或红或紫的长圆形果实。

"这就是长胡子留给村长的线索,一张仙人掌果实的照片。"大胡子叔叔解释着,"我猜他带着吉米去了圣马丁镇,那里是墨西哥仙人掌果的主要产区。咱们也要去那里,你们还愁没有果子吃吗?"

圣马丁镇位于墨西哥城的东北部，这里大多数农户都种植仙人掌，每年的7、8月份是收获仙人掌果的季节，热闹极了。小镇上的仙人掌果非常畅销，除了在墨西哥销售外，还出口到美国、日本等国家。

剥开仙人掌果的果皮，一股清香味扑来，果汁多，味道甜，而且非常爽口。这么好吃的仙人掌果长起来也不容易，要4年才能成熟一次。果实是椭圆形的，果皮很厚，皮上还有很多毛绒状的细刺。仙人掌果大的重150克，甚至还有250克的。

仙人掌果有三种：白仙人掌果、紫仙人掌果和酸仙人掌果。白仙人掌果的果肉是淡绿色的，紫仙人掌果的果肉是紫红色的，这两种果实的味道都是甘甜而清香的。至于酸仙人掌果，顾名思义，味道酸极了，如柠檬一般。它的果肉是粉红色的，可以用作做菜的调料。

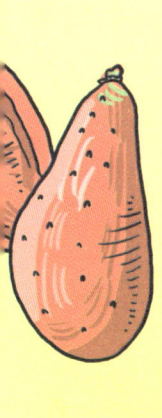

"太好吃了,怪不得大家都这么爱吃仙人掌果。"花花一边吃一边嘟囔。

"花花,仙人掌果不但好吃,而且含有丰富的微量元素、维生素、果胶等物质,还有助于减少皱纹,让人显得年轻呢。"

他们正说得起劲,突然,一个人喝醉了似的直撞过来,大胡子叔叔急忙扶住了他。等到那个人离开,花花突然喊:"大胡子叔叔,瞧,你上衣口袋里!"

"什么?"大胡子叔叔急忙低头去看,咦,口袋中竟然插着三张票。他抽出来一看,"原来是斗牛场的票。"

"斗牛?"花花和映真同时惊叫。

没错,这就是长胡子给他们的最新提示:他带着吉米去了斗牛场!

第13章　斗牛

"现在，只有墨西哥、葡萄牙、西班牙和哥伦比亚还保留着斗牛的传统节目了。而这里有世界上最大的墨西哥城斗牛场，能容纳8万人呢！每年的11月到第二年的3月份，是墨西哥的斗牛季，许多外国游客都会在这个时候赶来旅游，为的就是

一睹斗牛士的风采!"大胡子叔叔兴致勃勃,"墨西哥人喜欢看斗牛,在斗牛季,斗牛场通常都是人山人海的。斗牛用的牛都是专门饲养的公牛,膘肥体壮勇猛好斗,一般都有400千克到600千克重。"

"好紧张啊!"在开阔的观众席上坐下,花花突然长吐了口气,心悸地摸摸胸口,"一听就感觉斗牛好刺激的样子!"

"嗯,你看这么大的观众台,只围着那么小的斗牛场,就知道有多热烈啦!"映真也有些紧张,不知道接下来会发生多么动人心魄的事情。

斗牛场的形状就像大碗一样,碗边部分是一层层座椅,而

碗底的部分是黄色的土地，也就是斗牛士们表现自己的场地。当音乐响起，穿着16世纪的骑士装束的前导气宇轩昂地来到了场地中央，紧跟其后的三名斗牛士带着自己的助手来到了场地中央，向观众们致敬。

"接下来，斗牛比赛就要开始啦！每场比赛都包括引逗、长矛穿刺、上花镖和正式斗杀四个过程。等一下，牛被放出来时，就要开始引逗了！"大胡子叔叔给花花和映真轻声地解释着。

说话间，牛栏门刚敞开，一头膘肥体壮的公牛就被放进了斗牛场。这头牛全身黑色，长长的犄角凶狠地伸向前方，似乎

随时都有可能把侵犯自己的人刺穿！看着场地中傲然站立的斗牛士，花花和映真都紧张极了。

"现在，这头公牛的野性就要被激发出来了。斗牛士需要做的，就是引逗公牛，让它在场内乱跑，通过一段时间的奋力奔跑，来消耗它的锐气。因为公牛本身的力气太大，要战胜它，必须要有一定的策略。只有锐气被挫败，才能更快地打败它。其实中国古代的兵法中有这么一招，就叫作'避其锋芒、挫其锐气'。"大胡子叔叔说。

随着大胡子叔叔的解说，斗牛士已经开始引逗公牛了，让凶悍的公牛随着他，在画着白线的场地上绕着圈。一开始，公牛很有气势，简直就像出鞘的利

剑，愤怒勇猛地追着敢于挑战它威严的斗牛士。花花和映真紧张得几乎出了一身冷汗。但是斗牛士总能有惊无险地避开公牛的袭击，继续挑逗。很快，屡屡不能得逞的骄傲公牛就不得不偃旗息鼓，放弃这么不理智的莽撞横冲了。

紧接着，场地上就又进来了几位骑马的人，他们携带着长长的矛枪，开始在场地上追逐威风不再的公牛。

"这个环节就是长矛穿刺。骑马的长矛手需要在牛背的颈部刺穿个伤口，给热血沸腾的公牛放血。必须看到鲜血流出，长矛手才能算完成任务。这一个环节也是整个斗牛过程最重要的环节，因为在放血后，强悍的公牛会变得虚弱，胜利的天平才会慢慢发生倾斜！"

大胡子叔叔的话音刚落，优雅利落地站到马背上的长矛手，就伺机将手中长矛，

由上而下迅速插进了牛脖子。花花吓得忍不住尖叫了一声,扑倒在大胡子叔叔的怀里不敢再看。而映真也被吓得忍不住缩回脖子:"大胡子叔叔,好血腥啊!"

大胡子叔叔轻轻拍了拍花花和映真的肩膀,说:"这里展现的,就是最原始的力量的对比和争夺!在这种战场上,不是你死就是我亡。在必须有一个死亡的情况下,你希望是哪一个呢?"

"总不能是人吧!"花花快人快语,说完,似乎领悟到了什么,她抬头看看大胡子叔叔,又和映真对视了一眼,便直起身子,认真地观看。

"现在出场的是花镖手,他一般带6枚花镖,花镖上装饰着

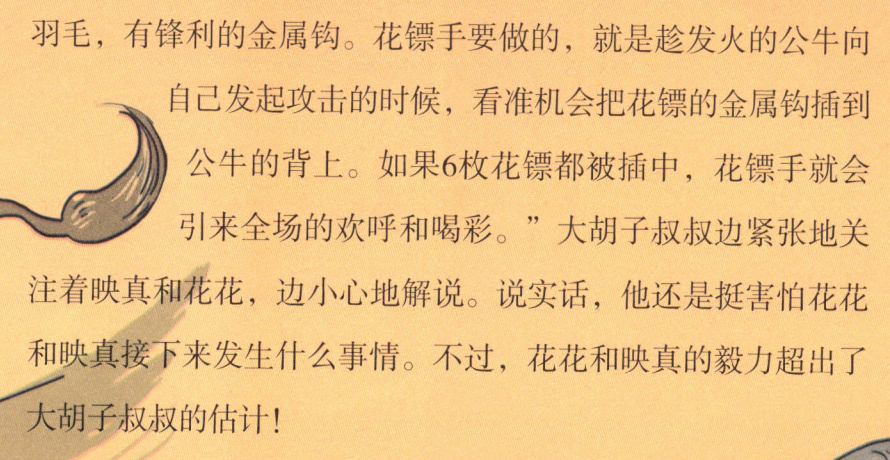

羽毛，有锋利的金属钩。花镖手要做的，就是趁发火的公牛向自己发起攻击的时候，看准机会把花镖的金属钩插到公牛的背上。如果6枚花镖都被插中，花镖手就会引来全场的欢呼和喝彩。"大胡子叔叔边紧张地关注着映真和花花，边小心地解说。说实话，他还是挺害怕花花和映真接下来发生什么事情。不过，花花和映真的毅力超出了大胡子叔叔的估计！

这一场的花镖手有了些微小的疏忽，仅仅把5枚花镖插进了公牛的脊背，看台上只传出稀稀拉拉的掌声。看着花镖手有些沮丧地离开，花花和映真心里还真有点难受。

大胡子叔叔拥抱了一下花花和映真，指着携带利剑和红布的斗牛士说："他就是本场斗牛的主斗牛士。公牛能不能被顺利杀死，关系到他的名誉

和地位！"

不得不说，穿着华丽紧身服的斗牛士很有气魄，显出一副天下无敌的英勇。但是花花和映真都不忍心再看了，大胡子叔叔只好带着他们出来。

"难怪西班牙有群众呼吁取消斗牛呢！确实有些血腥！好吧，叔叔不该带你们来看斗牛！是叔叔不对！"大胡子叔叔诚挚地道歉，花花和映真只好摇摇头，表示没事。

斗牛神童，米利托·拉格拉维尔

墨西哥男孩米利托·拉格拉维尔只有11岁，却创造了2小时杀死6头公牛的奇迹，被称为"斗牛神童"。

米利托只有35千克，身高1.35米，他的对手都是体重200千克以上的公牛。他坚强勇敢，聪明机灵，4岁学斗牛，6岁时杀死第一头小牛，是墨西哥国内斗牛界中的明星人物，也是斗牛界的希望。

外界对米利托斗牛充满了争议，然而，这个年轻的斗牛士却一点也不在乎，他说："我只想被获准参加斗牛表演，我天生就是斗牛士，这一辈子都是。"

第14章　坐一次豪华巴士

"我刚才一直留意四周的观众，没有发现吉米和长胡子大叔的影子啊。"映真很是纳闷，"他们到底藏在了哪里呢？"

"嗯，说不定跟我们擦肩而过了呢！唉，也不知道吉米怎

么样了。我看，就算那个长胡子大叔带他到处吃喝玩乐，他肯定还是愿意跟我们在一起。因为咱们在一起玩得更自在，也更开心！"花花重重地点了点头，对面前的食物一下子没了食欲，只随便挑了一些蔬菜来吃。不过墨西哥风味的菜肴都以口味浓烈、色彩绚丽著称，尽管只吃蔬菜，花花也吃得比较满意。

"您好！"一个小孩子朝他们走过来，向他们打招呼。大概看到大胡子叔叔的浓密胡子和壮实的身材让他有一丝害怕，便面带笑容朝花花说道："有位很凶的大胡子让我交给你们的！"说罢，将手中的小卡片放到花花手中，就立即跑开了。

大胡子叔叔打开卡片，上面描绘的却是一辆大巴车！花花和映真都有些傻眼："难道吉米他们到大巴车上了？"

"说不定在附近呢！"大胡子叔叔迅速站起来走出了店门，左右查看一下，发现不远处就有一个公交站台！但是没等他带着花花和映真赶过去，就有一辆豪华大巴呼啸而过。而长胡子得意的笑脸在车窗里一闪而逝。

"快走，赶上下一辆大巴，就知道他们去哪里了！"大胡子叔叔带着花花和映真赶到车站，才发现长胡子带着吉米乘坐的是豪华巴士，要等一会儿才有第二辆！他们早上来斗牛场时并没有自己开车来，此时此刻也只好等了！

其实墨西哥的公交车系统发展得很不错，价格又便宜，而且分为两种车：本站车和过路车。搭乘巴士前必须要弄清楚要乘的车是本站车还是过路车。本站车是从上车的站发出的车；过路车则是从其他车站发出，路过这里的班车，这种过路车根本没办法事先买票。

而简单的巴士，在这片土地上就分为三个等级：分别是豪华车、头等车和二等车。豪华巴士简

直就像古代皇帝的座驾！豪华巴士提供的服务，包括了可斜躺的座椅、零食饮料、空调和电影。其实中国的巴士一般也会带空调和电影，但是这零食和斜躺座椅就比较难得了。不过相对档次较低的头等公车也很舒适便捷，有些会有盥洗室和空调，买票的时候需要问清楚。二等车最便宜，但乘客也相对较多。

听了大胡子叔叔的详细介绍，花花和映真对所谓的豪华巴士非常期待，对大巴车提供饮食这回事，他们都是第一次听说，自然是好奇不已。而斜躺式的座椅的确也相对更舒服，所以价钱贵一些也是难免了！

"哎？大胡子叔叔，那里在唱歌！好像唱得还不错，挺好听的样子！"花花突然指着马路对面天桥下的几个人嚷嚷。大胡子叔叔和映真看过去，才发现是四个人组成的小乐队，一个拉小提琴，一个弹吉他，一个演奏小号，还有一个长头发的主唱，正对着自带的麦克风引吭高歌。无一例外的是，他们都带着宽边大帽子，穿着精美花边的紧身衣服，看起来很有街头乐队的风格。

"哦！这个是马里亚契音乐，据说是墨西哥最具代表性的民间音乐，事实上就是一个乐队。马里亚契音乐的特点就是小提琴、吉他和小号，以及乐手们穿的紧身'恰罗士'服。他们喜欢演奏欢快热烈、抑扬顿挫的曲调，旋律很有感染力！墨西哥人们都非

常喜欢马里亚契音乐。所以，无论是在饭店酒吧，还是剧院广场，甚至家庭聚会上，都可以听到马里亚契音乐的迷人旋律！"大胡子叔叔一边倾听动人的音乐，一边微笑着解释。

"墨西哥还真是一个热情的国家啊！他们吃的东西味道都是那么浓，穿得衣服那么鲜艳，连音乐都这么热烈！"映真突然有些羡慕这些人对生活的热情，虽然本性里，他依然沉稳懂事。

"生活需要热情对待嘛！"花花像小大人一样拍了拍映真的

肩膀，眼尖地看到一辆跟长胡子乘坐的一样的大巴车奔驰而来，激动地喊，"豪华大巴来啦！我们上车！"

躺椅一样舒服的座位和墨西哥风味小吃顿时吸引了花花和映真的注意力，连大胡子叔叔都忍不住惬意地放松下来！墨西哥人还真是会享受啊！

第15章 吃着葡萄迎新年

"这是什么啊?"一下车,花花就感觉有些不对劲儿,虽然大巴站台人很多,但是应该还不至于让自己的背受到袭击啊!结果,映真一看她的后背,竟然发现被人用胶带粘上了一张广告纸!

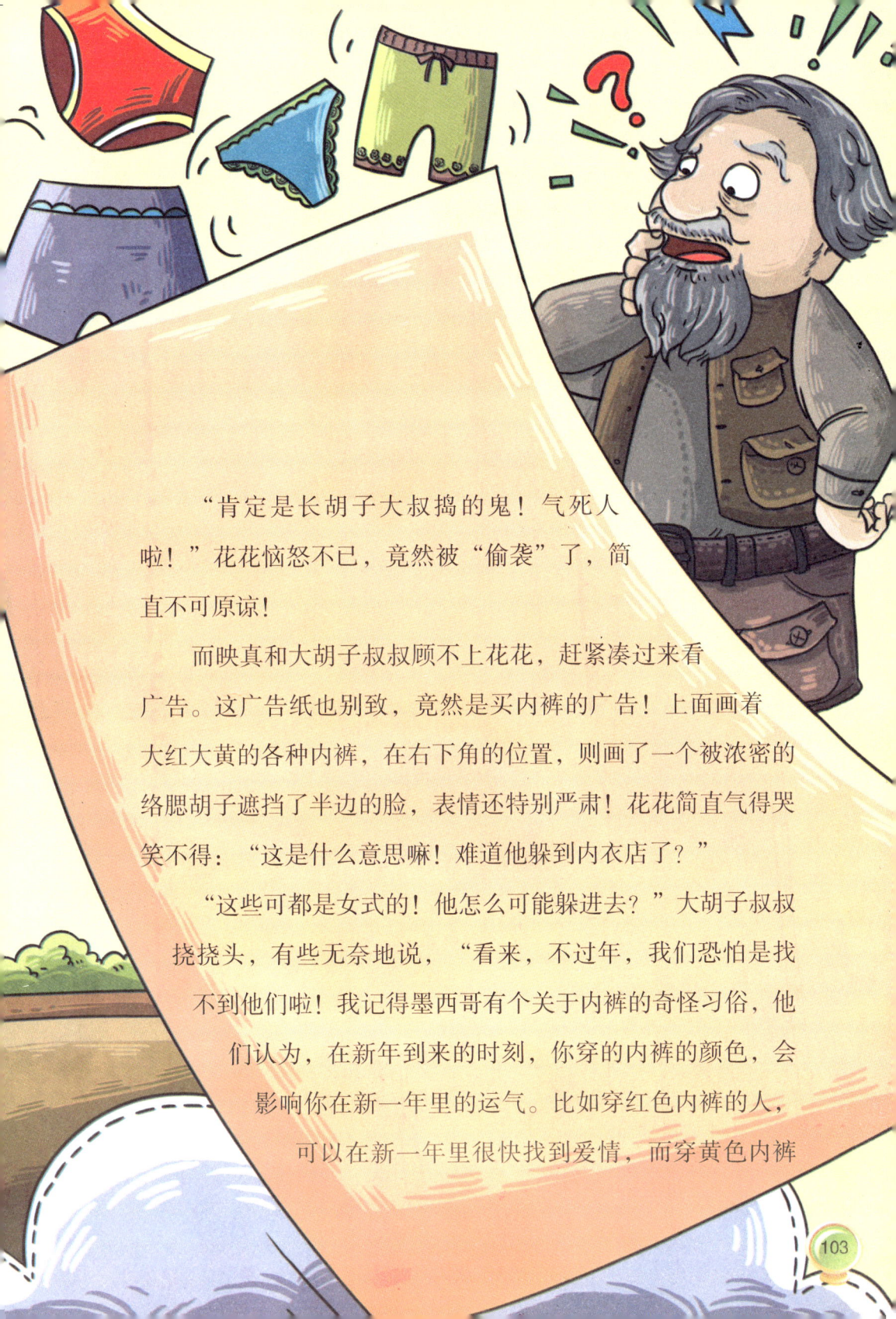

"肯定是长胡子大叔捣的鬼！气死人啦！"花花恼怒不已，竟然被"偷袭"了，简直不可原谅！

而映真和大胡子叔叔顾不上花花，赶紧凑过来看广告。这广告纸也别致，竟然是买内裤的广告！上面画着大红大黄的各种内裤，在右下角的位置，则画了一个被浓密的络腮胡子遮挡了半边的脸，表情还特别严肃！花花简直气得哭笑不得："这是什么意思嘛！难道他躲到内衣店了？"

"这些可都是女式的！他怎么可能躲进去？"大胡子叔叔挠挠头，有些无奈地说，"看来，不过年，我们恐怕是找不到他们啦！我记得墨西哥有个关于内裤的奇怪习俗，他们认为，在新年到来的时刻，你穿的内裤的颜色，会影响你在新一年里的运气。比如穿红色内裤的人，可以在新一年里很快找到爱情，而穿黄色内裤

104

的人，在新的一年里可以收获大量财富。所以我猜，长胡子的意思是，要在过年的时候才会出现。这些天，他恐怕不会再给我们留线索了！"

"什么？他要一直把吉米'扣押'到过新年的时候吗？那也太过分了。"映真吃惊极了，"您确定他是这个意思？从内裤到过年，跨度有点太大了吧。"花花也点点头，说："这风俗太奇怪了！"

"哈哈，他们还认为，在12月31日这天把内衣反过来穿，新的一年就会有无穷无尽的新衣服呢！每个国家都有每个国家的风俗习惯嘛，我们要做的是适应和参观而已！"大胡子叔叔被两个小鬼头的表情逗乐了，说，"墨西哥的新年风俗多了去了，等到过年你们就知道了！"

"大胡子叔叔可以给我们先说说这些习俗吗？我们很好奇的哦！"看大胡子叔叔没有要说的意思，花花只好撒起娇来，谁让她好奇心这么重呢！

大胡子叔叔无奈地摇了摇头，解释说："比如，墨西哥人在过年的前5天里，是不可以笑的，只要笑了就会把好运气都赶跑！在置办年货时，必须准备的一样东西就是葡萄，因为他们需要吃着葡萄许愿！就在新年到来的那一刻，钟声每敲响一下，就吃一颗葡萄许个愿，一共要吃12颗呢！也就是说，他们在过年的时候，可以许下12个愿望哦！"

稀奇古怪的风俗习惯，让花花和映真都听得兴致勃勃。他们期待的目光让大胡子叔叔不得不搜肠刮肚地回忆那些习俗："还有，在新年钟声敲响的时候，有意中人的单身男女，如果想在新一年里和意中人成婚，就要跟着12下钟声，重复坐下起立12回。他们还在新年前一天把钞票放在鞋中，认为这样可以在来年财运滚滚；或者在新年前夜，站在屋子外面往屋子里面扔钱，他们觉得这样也会给他们带来财运。此外，希望在新年里能出门去旅游的，可以在新年来临时拎个行李箱，在房子外面走一圈。"

"哇，这都可以！他们要做的事情还真是多！"花花听得

"咯咯"直笑，简直像听到了最有趣的故事。

"那别的国家还有什么奇怪风俗啊？"映真也忍不住好奇地询问，花花也期待地看着大胡子叔叔。

大胡子叔叔想了想，就挑自己记忆中的奇怪风俗说了出来："比如德国，要在钱包里放一些鱼鳞，新年钟声敲响的时候，要站在椅子上跳一下，还要把一件有分量的东西扔到椅子后面，意味着甩掉灾难。而在印度的有些地区，元旦的早上，家家户户都要哭得涕泪满面，因为他们会觉得岁月易逝、人生苦短。巴西人要在新年时举着火把爬山，寻找金桦果，因为它

象征着幸福。在巴西的某些乡下，在新年里见面时，要相互揪一下耳朵表达祝福。比利时会给牲畜拜年，意大利人喜欢摔东西，以便在新年夜制造响声！"

"还真是挺别致的，每个国家都有自己独特的迎接新年的方式呢！看来，过几天，我们也要吃葡萄许愿才行！"花花笑着说。不同于花花听得津津有味，映真则一副若有所思的模样："不过虽然一些做法听起来有些不能接受，但是仔细想想也挺有道理的，他们也都是想要新的一年过得更好嘛！"

"当然啦！人们都希望生活得更幸福快乐嘛！"花花扮个鬼脸，殷勤地跑去给大胡子叔叔买饮料，逗得大胡子叔叔和映真直乐。

"大胡子叔叔，"映真笑了一会儿，又严肃起来，"咱们真要等到新年的时候才能见到吉米吗？"

"这个不用太担心。"大胡子叔叔很有信心地说，"吉米是个很机灵的孩子。我相信，只要他自己想回来，就算长胡子不放人，他也有法子跑回来的。"

第16章 "蛇穴"坎昆

　　在墨西哥的东海岸，在大西洋海风的吹拂下，诞生了许多美丽的海滨旅游城市。而位于尤卡坦半岛东北端的城市坎昆，无疑是非常有名的一座！

　　坎昆坐落在加勒比海边，地理位置优越，物产丰富，风光绮丽。而在这里，让人感觉最奇妙的，不是优美的海滩风光，也不是好客热情的墨西哥人的微笑，而是人与野生动物和自然的和谐共处。大街小巷、酒店和景点，都随处可见一米长的大蜥蜴、五彩斑斓的孔雀等野生动物。那些野生动物，对人丝毫不害怕，它们那直勾勾看人的眼神，摆出的分明是主人的姿态，而事实上，这里本来也就是它们的家，游人们都是客人！

而在沙滩上惬意享受着海风的花花、吉米和映真，自然更是心情舒畅，他们正好奇地听着大胡子叔叔关于坎昆的讲述呢！

"坎昆被称为'挂在彩虹一端的瓦罐'，在玛雅文中的意思里是'蛇穴'，因为坎昆所在的尤卡坦半岛生活着50多种蛇。后来，坎昆开始大规模造城，大片的红树林被挖走，狭长的半岛被完全开辟成了旅游区，游人也越来越多，蛇的数量渐

渐减少了。坎昆三面环海，只有400米宽、20千米长。它的东面——"大胡子叔叔指了指东方辽阔的海面，接着说，"隔海相望着的就是古巴国，地理位置非常好呢！"

"那这里是不是一年四季都很热啊？"映真出神地想着，求证地看着大胡子叔叔。

大胡子叔叔赞赏地看着映真，说："是啊，坎昆年平均气

坎昆平均气温二十七八摄氏度，一年只有旱季和雨季！

温能达到28℃，一年只有旱季和雨季！不过阴雨天气，其实不到两个月！非常适合游玩，所以一年四季都有世界各地的游客来这里度假呢！"

"大胡子叔叔，那里有帆船！"吉米突然指着不远处海面上停靠的白色帆船，露出激动的神情，"大胡子叔叔，我们坐帆船去吧！"说罢，就期待地盯着大胡子叔叔，希望他能点头！

不远处的海面上，远洋轮船和摩托艇来来往往。而白色的帆船在蔚蓝的海天之间飞翔而过，的确是一道美丽的风景！大胡子叔叔也有点动心了，不由自主站了起来，冲吉米点了点头。

和船主人讲好价格后，船主人就用小船载着大胡子叔叔和花花他们上帆船。但是刚上帆船，就有一个人突然冒出来，站

到大胡子叔叔面前笑，仔细一看，这个人竟然是长胡子！吉米和花花都忍不住惊呼了一声，拉着映真一起站到大胡子叔叔的身后。

"哈哈，亲爱的朋友，好久不见！最近还好吗？我亲爱的吉米，有没有想我啊？"长胡子亲热地招呼着吉米，眼神却并不友好，他当然不会忘记吉米是怎样把他灌醉然后逃跑的！这一下，让他失了面子！

"我的侄子比较调皮，前段时间让你费心了，谢谢你的照顾！不过现在我们要游海，

而你吓到孩子们了，怎么样？作为多年的老朋友，你就先回岸上吧？"大胡子叔叔神态自若，叫住还在小船上的船主人，让他带走长胡子。

"既然是朋友，不如我们一起？"长胡子简直就是皮笑肉不笑，气得花花和吉米都牙根儿痒痒。

"那开船吧！"大胡子叔叔突然笑了，让掌船的开船。还没等花花他们抱怨，大胡子叔叔却突然一把把长胡子推到了海里："孩子们不喜欢你，所以还是算了吧！哈哈！"

船迅速地开走了，落到浅海区的长胡子只好气呼呼地游回沙滩。

而花花他们面前，则是一幅优美的画卷，湛蓝的天空和海水，灿烂的太阳，大家心情格外好。

第17章　怎一个"辣"字了得

"乡村的集市，都以热闹为主。你看那些摊主，都会穿着艳丽的衣服，很多人还带着色彩斑斓的头巾。而他们摊位上的蔬菜水果，用各种彩色的器皿盛放着，也都收拾得很鲜艳夺目。"在坎昆附近的一个小镇上，大胡子叔叔带着大家逛集市。

吃饭时间，大胡子叔叔带大家进了一家墨西哥农家小院式的小饭店。"小伙子，先吃几个玉米饼，饭菜马上就好！"热情的大妈听到吉米嚷嚷着饿，就飞快给大家端了一碟玉米饼和一碟青色辣椒。

"哇！玉米饼卷辣椒！"大胡子叔叔很开心，花花他们却莫名其妙，大胡子叔叔只好解释，"墨西哥人都爱吃辣椒，最简单的吃辣椒方法就是干吃！农民们在地里干活饿了，就会揪几个辣椒，直接卷在玉米饼里吃。这是墨西哥乡村的经典吃法哦！"大胡子叔叔卷起一张玉米饼，就开始吃了起来。看大胡子叔叔吃得香，吉米和映真、花花都有样学样，开始往嘴里塞。

"呀，好辣啊！"花花嚼了几下，就忍不住又抓起一张

玉米饼吃，以消除嘴里的辣味，不过味道却很香。青辣椒似乎是刚摘下来的，特别新鲜，饱满的汁水，吃起来，辣中带着脆甜，混着玉米饼特有的香，别提多美味了！

"红辣椒烧鱼、绿辣椒田鸡、红辣椒龙虾、番茄辣火鸡……"随着大妈热切地报出菜名，大家只看到一盘盘或火红或浓绿的菜肴被端上了桌，制作精致的菜肴色彩丰富，视觉极佳，而浓烈的香味也开始冲击大家伙儿的鼻子。

"这……这是辣椒宴吗？"花花和吉米忍不住异口同声地询问，却不等有人回答，就率先拿起筷子迫不及待地往嘴里夹菜。不得不说，虽然辣味十足，但是菜肴的味道却都是一等一的好，绝对不逊色于各大酒店。

"这家特色餐厅就是以墨西哥特色的辣椒宴闻名呢！"大胡子叔叔笑眯眯

玉米饼卷辣椒！

地夹了口菜，才说。

"嗯，好辣好辣！"花花突然忍不住咧嘴吸凉气，喝了口水漱口，才指着菜里小如绿豆的深红色浆果一样的东西说，"天哪！这个竟然也是辣椒！"

大胡子叔叔细细一看，忍不住大笑："当然！这个是墨西哥特有的一种野生辣椒，估计也只有在墨西哥才能吃到正宗的呢！"

"这个是凉拌辣椒啊！"映真突然指着一盘凉拌菜，皱着眉头说。大胡子叔叔抬头，只见这盘菜里，有红、绿、白三个颜色，细细的各色菜丝均匀地拌在一起，别提多别致了，就解释道："墨西哥的国旗颜色是红白绿三色，而这个凉拌辣椒也是这个颜色，所以被称作'墨西哥萨尔萨'，就是墨西哥国旗的意思。墨西哥人吃这个，心里可都惦念着祖国呢！"

辣味十足！

"这个是什么啊？为什么是两个颜色的酱？"花花好奇地指着大妈刚端上来的一份薄饼和两碟酱问道。

"这是我们墨西哥的特色调味汁，叫作萨尔萨。绿色的由绿辣椒和绿番茄、香菜等做成，辣而不燥。而红色萨尔萨是用红辣椒和红番茄做成的，香辣十足，味道醇厚。各有特色哦！"大妈笑眯眯地回答了花花的话。

饭后，可爱的大妈给大家端上了水果，芒果、甜橙等各种水果都已经削好了皮，切成块儿放在盘子里。而且，所有的水果上面都沾满了细碎的红色辣椒粉，看上去倒是非常漂亮。

吉米叉起一块儿芒果，一边把芒果送进了嘴里，一边好奇地说："墨西哥人吃水果都不放过辣椒啊！"

大胡子叔叔哈哈大笑起来，说："当然，他们喝酒还要配辣椒汁呢！"说罢就示意大家看邻桌那些一口酒配一口辣椒汁的墨西哥人。

通过大胡子叔叔的介绍，三个孩子对墨西哥的饮食文化有了一定的了解。而他们的这趟墨西哥之行也在这顿美餐之后结束了。坐在飞机上，映真和吉米很快就睡着了，花花却心想：回去后一定要将自己在墨西哥的所见所闻讲给自己的那些小伙伴……